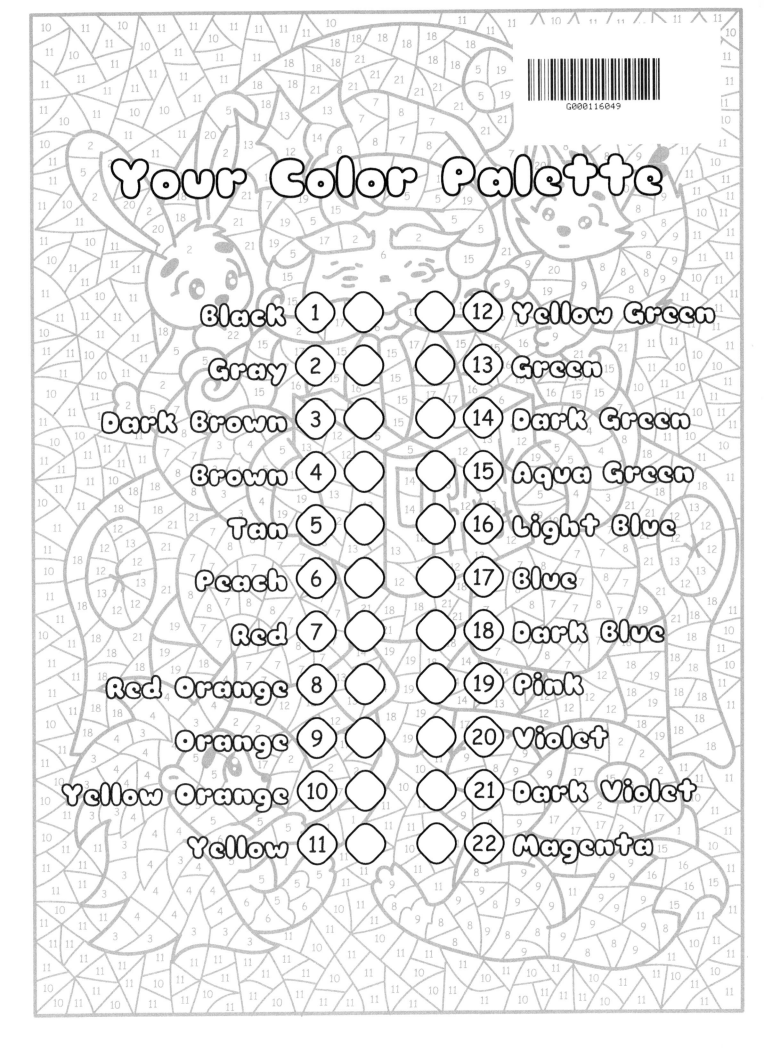

Your Color Palette

Black ① ◯ ◯ ⑫ Yellow Green

Gray ② ◯ ◯ ⑬ Green

Dark Brown ③ ◯ ◯ ⑭ Dark Green

Brown ④ ◯ ◯ ⑮ Aqua Green

Tan ⑤ ◯ ◯ ⑯ Light Blue

Peach ⑥ ◯ ◯ ⑰ Blue

Red ⑦ ◯ ◯ ⑱ Dark Blue

Red Orange ⑧ ◯ ◯ ⑲ Pink

Orange ⑨ ◯ ◯ ⑳ Violet

Yellow Orange ⑩ ◯ ◯ ㉑ Dark Violet

Yellow ⑪ ◯ ◯ ㉒ Magenta

Black ① ⑫ Yellow Green

Gray ② ⑬ Green

Dark Brown ③ ⑭ Dark Green

Brown ④ ⑮ Aqua Green

Tan ⑤ ⑯ Light Blue

Peach ⑥ ⑰ Blue

Red ⑦ ⑱ Dark Blue

Red Orange ⑧ ⑲ Pink

Orange ⑨ ⑳ Violet

Yellow Orange ⑩ ㉑ Dark Violet

Yellow ⑪ ㉒ Magenta

This Book Belongs To

OOOOOOOOOOOOOOOOOOOOOOOOOOOOO

Are you looking for a Christmas gift? You will LOVE this beautiful COLOR BY NUMBER book! 30 CHRISTMAS stained glass coloring CARDS with cute ANIMALS will bring you many joy and Christmas adventures!

No Need to Think Which Color to Use, Just Follow the 22-Color Palette and Enjoy Coloring!

* This Book is Also Available WITHOUT Numbers for Those Who Want to Use Their Own Color Combination.

Black ① ⑫ Yellow Green

Gray ② ⑬ Green

Dark Brown ③ ⑭ Dark Green

Brown ④ ⑮ Aqua Green

Tan ⑤ ⑯ Light Blue

Peach ⑥ ⑰ Blue

Red ⑦ ⑱ Dark Blue

Red Orange ⑧ ⑲ Pink

Orange ⑨ ⑳ Violet

Yellow Orange ⑩ ㉑ Dark Violet

Yellow ⑪ ㉒ Magenta

Black ① ⑫ Yellow Green

Gray ② ⑬ Green

Dark Brown ③ ⑭ Dark Green

Brown ④ ⑮ Aqua Green

Tan ⑤ ⑯ Light Blue

Peach ⑥ ⑰ Blue

Red ⑦ ⑱ Dark Blue

Red Orange ⑧ ⑲ Pink

Orange ⑨ ⑳ Violet

Yellow Orange ⑩ ㉑ Dark Violet

Yellow ⑪ ㉒ Magenta

Black ① ⑫ Yellow Green

Gray ② ⑬ Green

Dark Brown ③ ⑭ Dark Green

Brown ④ ⑮ Aqua Green

Tan ⑤ ⑯ Light Blue

Peach ⑥ ⑰ Blue

Red ⑦ ⑱ Dark Blue

Red Orange ⑧ ⑲ Pink

Orange ⑨ ⑳ Violet

Yellow Orange ⑩ ㉑ Dark Violet

Yellow ⑪ ㉒ Magenta

Black ① ② Yellow Green

Gray ② ③ Green

Dark Brown ③ ④ Dark Green

Brown ④ ⑤ Aqua Green

Tan ⑤ ⑥ Light Blue

Peach ⑥ ⑦ Blue

Red ⑦ ⑧ Dark Blue

Red Orange ⑧ ⑨ Pink

Orange ⑨ ⑳ Violet

Yellow Orange ⑩ ㉑ Dark Violet

Yellow ⑪ ㉒ Magenta

Black ① ⑫ Yellow Green

Gray ② ⑬ Green

Dark Brown ③ ⑭ Dark Green

Brown ④ ⑮ Aqua Green

Tan ⑤ ⑯ Light Blue

Peach ⑥ ⑰ Blue

Red ⑦ ⑱ Dark Blue

Red Orange ⑧ ⑲ Pink

Orange ⑨ ⑳ Violet

Yellow Orange ⑩ ㉑ Dark Violet

Yellow ⑪ ㉒ Magenta

Black ① ⑫ Yellow Green

Gray ② ⑬ Green

Dark Brown ③ ⑭ Dark Green

Brown ④ ⑮ Aqua Green

Tan ⑤ ⑯ Light Blue

Peach ⑥ ⑰ Blue

Red ⑦ ⑱ Dark Blue

Red Orange ⑧ ⑲ Pink

Orange ⑨ ⑳ Violet

Yellow Orange ⑩ ㉑ Dark Violet

Yellow ⑪ ㉒ Magenta

Black ① ⑫ Yellow Green

Gray ② ⑬ Green

Dark Brown ③ ⑭ Dark Green

Brown ④ ⑮ Aqua Green

Tan ⑤ ⑯ Light Blue

Peach ⑥ ⑰ Blue

Red ⑦ ⑱ Dark Blue

Red Orange ⑧ ⑲ Pink

Orange ⑨ ⑳ Violet

Yellow Orange ⑩ ㉑ Dark Violet

Yellow ⑪ ㉒ Magenta

Black ① ⑫ Yellow Green

Gray ② ⑬ Green

Dark Brown ③ ⑭ Dark Green

Brown ④ ⑮ Aqua Green

Tan ⑤ ⑯ Light Blue

Peach ⑥ ⑰ Blue

Red ⑦ ⑱ Dark Blue

Red Orange ⑧ ⑲ Pink

Orange ⑨ ⑳ Violet

Yellow Orange ⑩ ㉑ Dark Violet

Yellow ⑪ ㉒ Magenta

Black ① ⑫ Yellow Green

Gray ② ⑬ Green

Dark Brown ③ ⑭ Dark Green

Brown ④ ⑮ Aqua Green

Tan ⑤ ⑯ Light Blue

Peach ⑥ ⑰ Blue

Red ⑦ ⑱ Dark Blue

Red Orange ⑧ ⑲ Pink

Orange ⑨ ⑳ Violet

Yellow Orange ⑩ ㉑ Dark Violet

Yellow ⑪ ㉒ Magenta

Black ① ⑫ Yellow Green

Gray ② ⑬ Green

Dark Brown ③ ⑭ Dark Green

Brown ④ ⑮ Aqua Green

Tan ⑤ ⑯ Light Blue

Peach ⑥ ⑰ Blue

Red ⑦ ⑱ Dark Blue

Red Orange ⑧ ⑲ Pink

Orange ⑨ ⑳ Violet

Yellow Orange ⑩ ㉑ Dark Violet

Yellow ⑪ ㉒ Magenta

Black ① ⑫ Yellow Green

Gray ② ⑬ Green

Dark Brown ③ ⑭ Dark Green

Brown ④ ⑮ Aqua Green

Tan ⑤ ⑯ Light Blue

Peach ⑥ ⑰ Blue

Red ⑦ ⑱ Dark Blue

Red Orange ⑧ ⑲ Pink

Orange ⑨ ⑳ Violet

Yellow Orange ⑩ ㉑ Dark Violet

Yellow ⑪ ㉒ Magenta

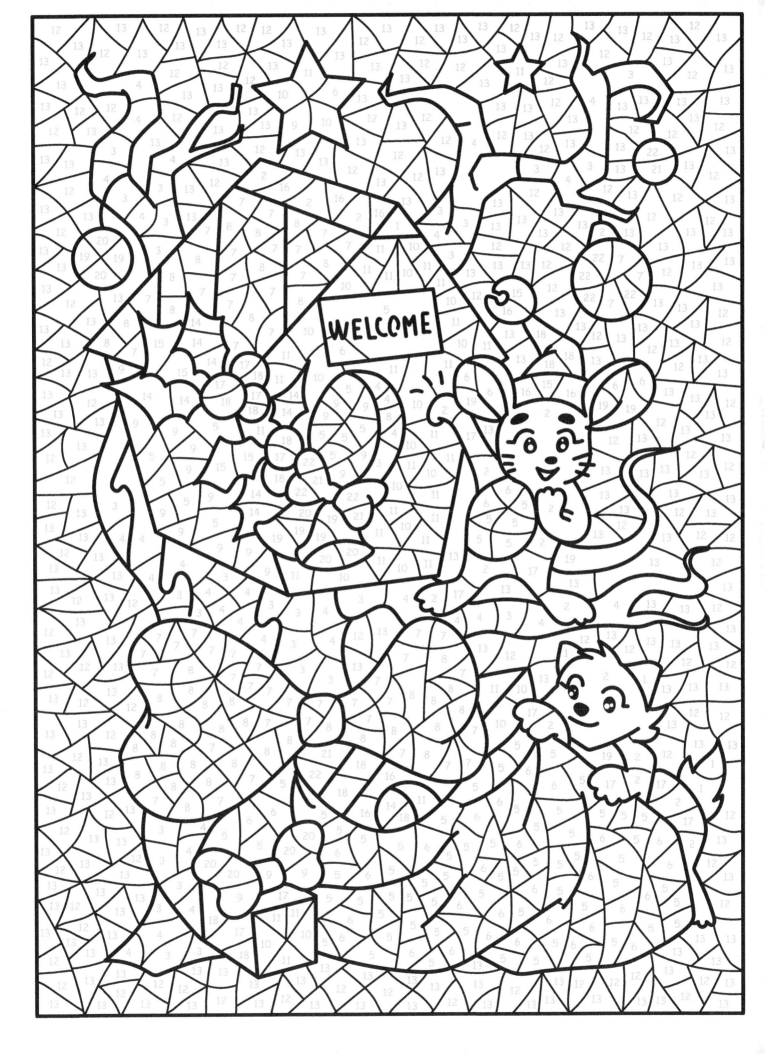

Black ① ⑫ Yellow Green

Gray ② ⑬ Green

Dark Brown ③ ⑭ Dark Green

Brown ④ ⑮ Aqua Green

Tan ⑤ ⑯ Light Blue

Peach ⑥ ⑰ Blue

Red ⑦ ⑱ Dark Blue

Red Orange ⑧ ⑲ Pink

Orange ⑨ ⑳ Violet

Yellow Orange ⑩ ㉑ Dark Violet

Yellow ⑪ ㉒ Magenta

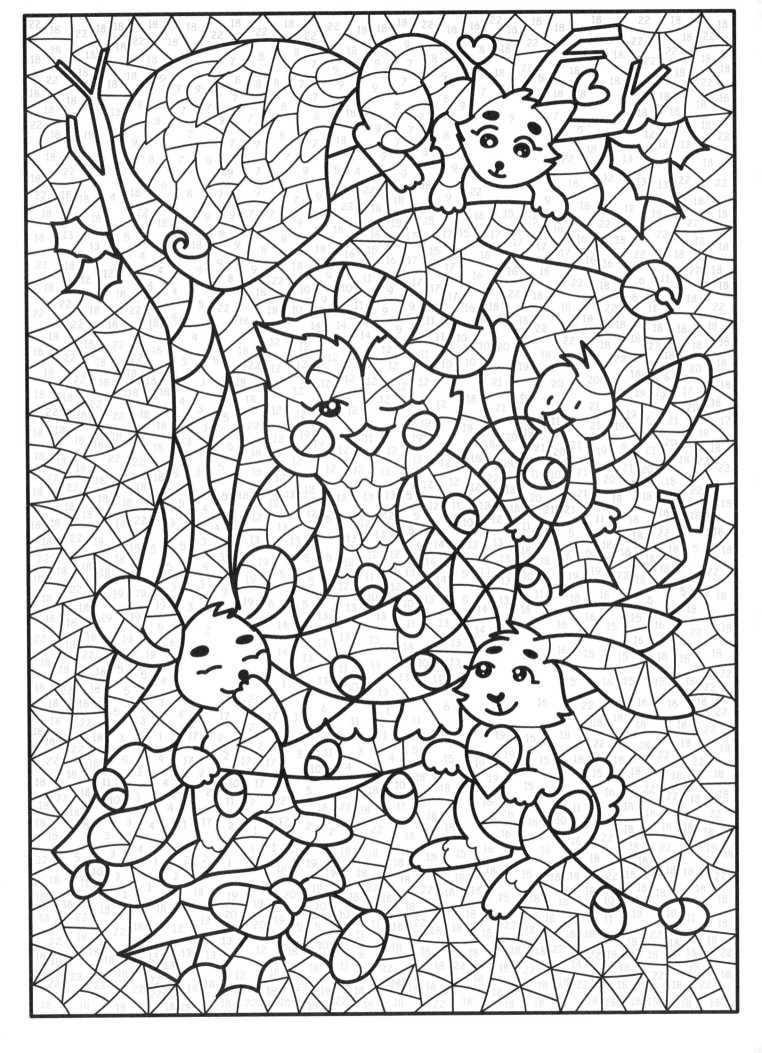

Black ① ② Yellow Green

Gray ② ⑬ Green

Dark Brown ③ ⑭ Dark Green

Brown ④ ⑮ Aqua Green

Tan ⑤ ⑯ Light Blue

Peach ⑥ ⑰ Blue

Red ⑦ ⑱ Dark Blue

Red Orange ⑧ ⑲ Pink

Orange ⑨ ⑳ Violet

Yellow Orange ⑩ ㉑ Dark Violet

Yellow ⑪ ㉒ Magenta

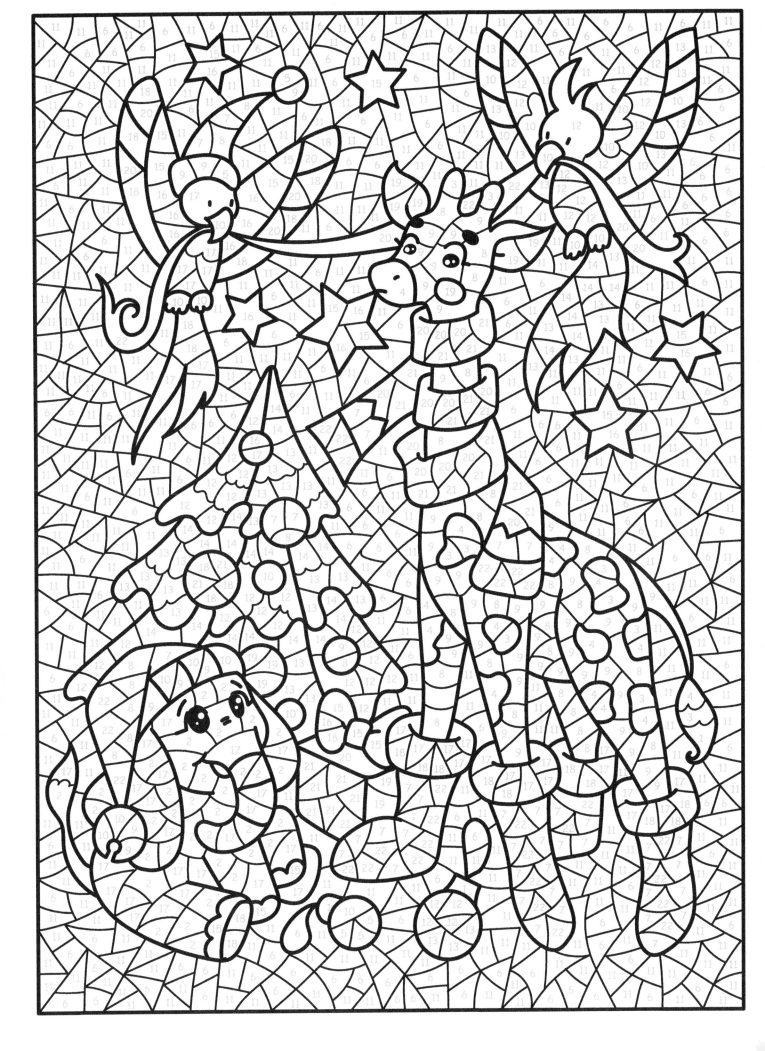

Black ① ⑫ Yellow Green

Gray ② ⑬ Green

Dark Brown ③ ⑭ Dark Green

Brown ④ ⑮ Aqua Green

Tan ⑤ ⑯ Light Blue

Peach ⑥ ⑰ Blue

Red ⑦ ⑱ Dark Blue

Red Orange ⑧ ⑲ Pink

Orange ⑨ ⑳ Violet

Yellow Orange ⑩ ㉑ Dark Violet

Yellow ⑪ ㉒ Magenta

Black ① 12 Yellow Green

Gray ② 13 Green

Dark Brown ③ 14 Dark Green

Brown ④ 15 Aqua Green

Tan ⑤ 16 Light Blue

Peach ⑥ 17 Blue

Red ⑦ 18 Dark Blue

Red Orange ⑧ 19 Pink

Orange ⑨ 20 Violet

Yellow Orange ⑩ 21 Dark Violet

Yellow ⑪ 22 Magenta

Black ① ⑫ Yellow Green

Gray ② ⑬ Green

Dark Brown ③ ⑭ Dark Green

Brown ④ ⑮ Aqua Green

Tan ⑤ ⑯ Light Blue

Peach ⑥ ⑰ Blue

Red ⑦ ⑱ Dark Blue

Red Orange ⑧ ⑲ Pink

Orange ⑨ ⑳ Violet

Yellow Orange ⑩ ㉑ Dark Violet

Yellow ⑪ ㉒ Magenta

Black ① Yellow Green ⑫

Gray ② Green ⑬

Dark Brown ③ Dark Green ⑭

Brown ④ Aqua Green ⑮

Tan ⑤ Light Blue ⑯

Peach ⑥ Blue ⑰

Red ⑦ Dark Blue ⑱

Red Orange ⑧ Pink ⑲

Orange ⑨ Violet ⑳

Yellow Orange ⑩ Dark Violet ㉑

Yellow ⑪ Magenta ㉒

1 Black
2 Gray
3 Dark Brown
4 Brown
5 Tan
6 Peach
7 Red
8 Red Orange
9 Orange
10 Yellow Orange
11 Yellow
12 Yellow Green
13 Green
14 Dark Green
15 Aqua Green
16 Light Blue
17 Blue
18 Dark Blue
19 Pink
20 Violet
21 Dark Violet
22 Magenta

Black ① ⑫ Yellow Green

Gray ② ⑬ Green

Dark Brown ③ ⑭ Dark Green

Brown ④ ⑮ Aqua Green

Tan ⑤ ⑯ Light Blue

Peach ⑥ ⑰ Blue

Red ⑦ ⑱ Dark Blue

Red Orange ⑧ ⑲ Pink

Orange ⑨ ⑳ Violet

Yellow Orange ⑩ ㉑ Dark Violet

Yellow ⑪ ㉒ Magenta

Black ① ⑫ Yellow Green

Gray ② ⑬ Green

Dark Brown ③ ⑭ Dark Green

Brown ④ ⑮ Aqua Green

Tan ⑤ ⑯ Light Blue

Peach ⑥ ⑰ Blue

Red ⑦ ⑱ Dark Blue

Red Orange ⑧ ⑲ Pink

Orange ⑨ ⑳ Violet

Yellow Orange ⑩ ㉑ Dark Violet

Yellow ⑪ ㉒ Magenta

Black ① 12 Yellow Green

Gray ② 13 Green

Dark Brown ③ 14 Dark Green

Brown ④ 15 Aqua Green

Tan ⑤ 16 Light Blue

Peach ⑥ 17 Blue

Red ⑦ 18 Dark Blue

Red Orange ⑧ 19 Pink

Orange ⑨ 20 Violet

Yellow Orange ⑩ 21 Dark Violet

Yellow ⑪ 22 Magenta

Black ① ⑫ Yellow Green

Gray ② ⑬ Green

Dark Brown ③ ⑭ Dark Green

Brown ④ ⑮ Aqua Green

Tan ⑤ ⑯ Light Blue

Peach ⑥ ⑰ Blue

Red ⑦ ⑱ Dark Blue

Red Orange ⑧ ⑲ Pink

Orange ⑨ ⑳ Violet

Yellow Orange ⑩ ㉑ Dark Violet

Yellow ⑪ ㉒ Magenta

Black ① ⑫ Yellow Green

Gray ② ⑬ Green

Dark Brown ③ ⑭ Dark Green

Brown ④ ⑮ Aqua Green

Tan ⑤ ⑯ Light Blue

Peach ⑥ ⑰ Blue

Red ⑦ ⑱ Dark Blue

Red Orange ⑧ ⑲ Pink

Orange ⑨ ⑳ Violet

Yellow Orange ⑩ ㉑ Dark Violet

Yellow ⑪ ㉒ Magenta

Black ① 12 Yellow Green

Gray ② 13 Green

Dark Brown ③ 14 Dark Green

Brown ④ 15 Aqua Green

Tan ⑤ 16 Light Blue

Peach ⑥ 17 Blue

Red ⑦ 18 Dark Blue

Red Orange ⑧ 19 Pink

Orange ⑨ 20 Violet

Yellow Orange ⑩ 21 Dark Violet

Yellow ⑪ 22 Magenta

Black ① 12 Yellow Green

Gray ② 13 Green

Dark Brown ③ 14 Dark Green

Brown ④ 15 Aqua Green

Tan ⑤ 16 Light Blue

Peach ⑥ 17 Blue

Red ⑦ 18 Dark Blue

Red Orange ⑧ 19 Pink

Orange ⑨ 20 Violet

Yellow Orange ⑩ 21 Dark Violet

Yellow ⑪ 22 Magenta

Black ① 12 Yellow Green

Gray ② 13 Green

Dark Brown ③ 14 Dark Green

Brown ④ 15 Aqua Green

Tan ⑤ 16 Light Blue

Peach ⑥ 17 Blue

Red ⑦ 18 Dark Blue

Red Orange ⑧ 19 Pink

Orange ⑨ 20 Violet

Yellow Orange ⑩ 21 Dark Violet

Yellow ⑪ 22 Magenta

Dark Brown (3) Dark Brown

(1) Black
(2) Gray
(3) Dark Brown
(4) Brown
(5) Tan
(6) Peach
(7) Red
(8) Red Orange
(9) Orange
(10) Yellow Orange
(11) Yellow

(12) Yellow Green
(13) Green
(14) Dark Green
(15) Aqua Green
(16) Light Blue
(17) Blue
(18) Dark Blue
(19) Pink
(20) Violet
(21) Dark Violet
(22) Magenta

Black ① 12 Yellow Green

Gray ② 13 Green

Dark Brown ③ 14 Dark Green

Brown ④ 15 Aqua Green

Tan ⑤ 16 Light Blue

Peach ⑥ 17 Blue

Red ⑦ 18 Dark Blue

Red Orange ⑧ 19 Pink

Orange ⑨ 20 Violet

Yellow Orange ⑩ 21 Dark Violet

Yellow ⑪ 22 Magenta

Black ① 12 Yellow Green

Gray ② 13 Green

Dark Brown ③ 14 Dark Green

Brown ④ 15 Aqua Green

Tan ⑤ 16 Light Blue

Peach ⑥ 17 Blue

Red ⑦ 18 Dark Blue

Red Orange ⑧ 19 Pink

Orange ⑨ 20 Violet

Yellow Orange ⑩ 21 Dark Violet

Yellow ⑪ 22 Magenta

Thank You

for choosing this book!
If you liked it, please,
write your review on Amazon.
Your opinion is very important
to make our books better!

Follow Us

instagram.com/SunlifeDrawing

facebook.com/SunlifeDrawing

twitter.com/SunlifeDrawing

Black ① ⑫ Yellow Green

Gray ② ⑬ Green

Dark Brown ③ ⑭ Dark Green

Brown ④ ⑮ Aqua Green

Tan ⑤ ⑯ Light Blue

Peach ⑥ ⑰ Blue

Red ⑦ ⑱ Dark Blue

Red Orange ⑧ ⑲ Pink

Orange ⑨ ⑳ Violet

Yellow Orange ⑩ ㉑ Dark Violet

Yellow ⑪ ㉒ Magenta

Black ① ② Yellow Green

Gray ② ③ Green

Dark Brown ③ ④ Dark Green

Brown ④ ⑤ Aqua Green

Tan ⑤ ⑥ Light Blue

Peach ⑥ ⑦ Blue

Red ⑦ ⑧ Dark Blue

Red Orange ⑧ ⑨ Pink

Orange ⑨ ⑳ Violet

Yellow Orange ⑩ ㉑ Dark Violet

Yellow ⑪ ㉒ Magenta

Black ① ⑫ Yellow Green

Gray ② ⑬ Green

Dark Brown ③ ⑭ Dark Green

Brown ④ ⑮ Aqua Green

Tan ⑤ ⑯ Light Blue

Peach ⑥ ⑰ Blue

Red ⑦ ⑱ Dark Blue

Red Orange ⑧ ⑲ Pink

Orange ⑨ ⑳ Violet

Yellow Orange ⑩ ㉑ Dark Violet

Yellow ⑪ ㉒ Magenta

(13) Green

(14) Dark Green

(15) Aqua Green

Tan (5) (16) Light Blue

Peach (6) (17) Blue

Red (7) (18) Dark Blue

Red Orange (8)

Orange (9) (20) Violet

Yellow Orange (10) (21) Dark Violet

Yellow (11) (22) Magenta

(12) Yellow Green

(13) Green

(14) Dark Green

(15) Aqua Green

(16) Light Blue

(17) Blue

(18) Dark Blue

Red Orange (8)   (19) Pink

Orange (9)   (20) Violet

Yellow Orange (10)   (21) Dark Violet

Yellow (11)

(14) Dark Green

(15) Aqua Green

(16) Light Blue

(17) Blue

(18) Dark Blue

Red Orange (8)

Orange (9)   (20) Violet

Yellow Orange (10) (21) Dark Violet

Yellow (11)   (22) Magenta

Black ① ⑫ Yellow Green

⑬ Green

Dark Brown ③ ⑭ Dark Green

Brown ④ ⑮ Aqua Green

Tan ⑤ ⑯ Light Blue

Peach ⑥ ⑰ Blue

Red ⑦ ⑱ Dark Blue

Red Orange ⑧ ⑲ Pink

Orange ⑨ ⑳ Violet

Yellow Orange ⑩ ㉑ Dark Violet

Yellow ⑪ ㉒ Magenta

Printed in Great Britain
by Amazon

33884719R00047